Género Cuento folclórico

Pregunta esencial

¿Qué pueden hacer los animales con su cuerpo?

El origen de la noche

Versión de María Furquet
ilustrado por Olga Lucía García

Antes no había noche. El sol lo iluminaba todo. Los animales vivían rodeados de luz.

No había oscuridad. Por eso las personas no le temían.

Pero tampoco se podía dormir bien.

¡Siempre había sol!

La noche estaba metida en una vasija. Y también los animales de la noche.

La vasija estaba en medio de la selva.

Un día, un pescador vio la vasija. ¡Olía a chocolate!

El sol le dijo:

—¡No le quites la tapa! ¡Puede ser peligroso!

Pero el pescador deseaba el chocolate.

Entonces tomó la vasija. Aunque la tapa estaba apretada, pudo quitarla.

¡La noche salió de la vasija!

—Pescador, te muestro la noche —dijo una voz.

El pescador se echó hacia atrás. ¡Sentía miedo!

Entonces, el pescador vio la luna. ¡Era formidable!

—¿Qué otras maravillas trae esta vasija? —se dijo.

Entonces vio a los animales de la noche. Tenían ojos grandes, luminosos.

Ahora el pescador pesca de noche. Está orgulloso de su amiga luna.

Va a pescar con todos los animales de la noche.

Respuesta a la lectura

Volver a contar

Vuelve a contar el cuento, en orden, con tus propias palabras.

Primero

↓

Después

↓

Luego

↓

Al final

Evidencia en el texto

1. ¿Qué pasa después de que el pescador ve la vasija? **Orden de los sucesos**
2. ¿Qué pasa cuando el pescador abre la vasija? **Orden de los sucesos**
3. ¿Cómo sabes que *El origen de la noche* es un cuento folclórico? **Género**

Género No ficción

Compara los textos

Lee más sobre aves de la noche.

(tl) Wayne Lynch/All Canada Photos/SuperStock (tr) NHPA/SuperStock
(b) Steve & Ann Toon/ Robert Harding World Imagery/Getty Images

Aves de la noche

Búho

Mochuelo

Lechuza

Los búhos, los mochuelos y las lechuzas salen a cazar de noche. Tienen ojos especiales. También tienen muy buen oído. Lee la tabla para aprender más.

Cómo son
Tienen pico corto y curvo.
Sus ojos les permiten ver de noche.
Su oído es muy fino.
Sus plumas son acolchadas.

Paul Blackley/Flickr/Getty Images

Qué hacen
Comen insectos y animales pequeños.
Salen a cazar de noche.
Escuchan desde lejos.
No hacen ruido al volar.

Haz conexiones

Mira ambas selecciones. ¿Qué aprendiste sobre la noche y sus aves?

El texto y otros textos

Enfoque:

Género

Cuento folclórico Un cuento folclórico es una historia basada en costumbres y tradiciones. A menudo tiene una moraleja.

Lee y descubre En *El origen de la noche* se explica cómo se crearon la noche y los animales nocturnos. El sol habla en este cuento y eso no es posible en la realidad.

Tu turno

Imagina que destapas una vasija misteriosa. Haz un dibujo para ilustrar lo que te gustaría encontrar adentro.